Gefüllte Muffins

Kleine Kuchen – Großer Geschmack

Elisabeth Bangert

Gefüllte Muffins

Kleine Kuchen – Großer Geschmack

EDITION XXL

Vorwort

Seit Muffins über den großen Teich zu uns gelangten, ist ihr Siegeszug nicht mehr aufzuhalten. Es gibt unzählige Variationen. Auch Ihrer Fantasie sind keine Grenzen gesetzt. Wenn man die Grundprinzipien berücksichtigt, kann man die Familie, Freunde und Bekannte mit den tollsten Kreationen überraschen.

Wichtig ist, dass man den Teig schnell zusammenrührt und die kleinen Kuchen möglichst noch warm serviert. So schmecken sie am Besten. Was will man mehr, wenn sich kurzfristig Besuch anmeldet. Die Grundzutaten hat fast jeder zu Hause.

Minimuffins sind besonders bei Kindern sehr beliebt. Überraschen Sie die Kleinen doch einmal zum Kindergeburtstag mit drei bis vier verschiedenen Sorten Minimuffins, die Sie mit Zuckerguss oder nach Belieben verzieren. Es werden keine Kuchenreste auf den Tellern bleiben, und sollte dennoch etwas übrig bleiben, können Muffins problemlos eingefroren werden. Bei Bedarf im Backofen kurz aufgebacken, haben Sie stets Gebäck zum Servieren parat.

Gefüllte Muffins sind immer eine Überraschung! Ob saftig mit Früchten, süß mit Schokolade oder herzhaft mit Fisch – für jeden Geschmack ist etwas dabei.

Jedes Rezept wurde in unserer Versuchsküche ausprobiert und gelingt garantiert. Sie werden feststellen, dass die kleinen Kuchen schnell und unkompliziert zu backen sind.

Mit unseren Rezepten gehen Sie auf Nummer sicher!

Viel Spaß beim Backen und Genießen wünscht Ihnen

Ihre Elisabeth Bangert.

Inhalt

Mit allerlei Füllungen	12 – 35
Mit Früchten	36 – 51
Mit exotischen Früchten	52 – 71
Pikante Muffins	72 – 83

Ratgeber

Zum guten Gelingen sind einige Informationen wichtig:

Die trockenen Zutaten stets getrennt von den feuchten Zutaten zusammenrühren. Das Mehl und das Backpulver immer durchsieben. Sie werden mit Sauerstoff durchsetzt.

Die trockenen Zutaten zügig in die feuchten Zutaten einrühren. Nicht zu lange rühren, denn sonst entweicht der Sauerstoff wieder, der Teig wird zäh und das Gebäck beim Backen nicht so locker. Die Backzeit ist kurz, deshalb muss der Backofen grundsätzlich vorgeheizt sein, sonst gehen die Muffins nicht richtig auf. Den fertigen Teig nicht stehen lassen, sondern sofort in die Muffinform füllen und unverzüglich backen. Nach dem Backen die Muffins sofort aus dem Backofen nehmen und etwa 5 bis 10 Minuten in der Form ruhen lassen. Danach mit einem leichten Drehen die Muffins aus der Form lösen und zum Abkühlen auf ein Kuchengitter setzen. Süße Muffins noch warm mit Glasur oder Zuckerguss bestreichen.

Die Zutaten können zum Teil problemlos ausgewechselt werden:

Jogurt, Milch oder Buttermilch lassen sich nach Belieben tauschen. Auch Fruchtjogurt ist eine interessante Variante.

80 ml Pflanzenöl können jederzeit durch 125 g Butter oder Margarine ersetzt werden. Saftiger wird das Gebäck allerdings mit Pflanzenöl. Mehl Type 405 kann durch jede andere Mehlart ersetzt werden. Ist der Teig zum Beispiel bei Vollkornmehl zu fest, gibt man noch etwas Flüssigkeit hinzu.

Backformen:

Leider sind Muffinformen in den Größen unterschiedlich und nicht genormt. Es gibt Miniformen mit 12

oder 24 Vertiefungen. Bei den Miniformen kann man die Zutaten für eine 12er Form problemlos verdoppeln. Standardformen haben 6 oder

12 Vertiefungen. Auch hier ist die Halbierung oder Verdoppelung der Zutaten problemlos möglich. Inzwischen ist in den Haushalten überwiegend die 12er Muffinform zu finden. Die neuen flexiblen Formen sind vom Fassungsvermögen her geringer. Darin gebackene Muffins werden auch nicht

Ratgeber

ganz so hoch. Der Inhalt einer 12er flexiblen Form entspricht in etwa der

Hälfte einer Standardform.
Man nimmt für die 12er Standardform 250 bis 260 g Mehl. Bei der flexiblen Form sind es etwa 130 bis 140 g. Die restlichen Zutaten kann man entsprechend umrechnen. Die Rezepte enthalten einen Hinweis auf die Form, die verwendet wurde. Grundsätzlich kann man die einzelnen Vertiefungen fast bis zum Rand füllen. Ist mehr Teig in den Formen, wird der „Hut" der Muffins größer. Ist weniger Teig eingefüllt, entsteht fast kein Hut. Am Geschmack ändert das nichts.

Eier:

Seit 1996 gibt es in der EU nur noch vier Gewichtsklassen:

Bezeichnung:
- S für klein bis 52 Gramm
- M für mittel 53 bis 62 Gramm
- L für groß 63 bis 72 Gramm
- XL für sehr groß 73 Gramm und mehr

Die Farbe der Eier hat keinen Einfluss auf die Qualität.
Verwendet man sehr große Eier, muss man gegebenenfalls die restliche Flüssigkeit reduzieren. Der Teig darf nicht zu dünn sein. Wenn das Eiklar zu schnittfestem Schnee verarbeitet wird und zum Beispiel Nüsse untergehoben werden, muss man bei sehr großen Eiern gegebenenfalls etwas mehr an Nüssen zugeben.
Wenn nicht besonders aufgeführt, werden zum Backen in der Regel Eier der Größe M verwendet.

Treibmittel:

Normalerweise wird Backpulver verwendet. Bei Jogurt oder Buttermilch sollte man auf jeden Fall einen halben Teelöffel Natron zugeben. Durch das Natron werden die Muffins auch lockerer.

Einfetten:

Die normalen beschichteten Muffinformen sollte man dünn z. B. mit Margarine einpinseln. Stellt man die eingefettete Form kurz ins Tiefkühlfach, lassen sich die Muffins nach dem Backen besser aus der Form lösen.
Statt die Form einzufetten kann man die überall im Handel erhältlichen Papierförmchen verwenden. Die Förmchen werden einfach in die Vertiefungen eingelegt und der Teig eingefüllt, fertig. Nach dem Abkühlen werden die Papierförmchen vorsichtig abgezogen. Zum Servieren können die Muffins auch in neue Förmchen, die es in vielen Farben und Mustern gibt, gesetzt werden.

Hanuta Hanuta Hanuta Hanuta

Zutaten für 6 Muffins:

Für den Teig:
140 g Mehl Type 405
1/2 Päckchen Backpulver
1 Msp. Natron
1 Ei Größe M
70 g Zucker
50 g weiche Butter
150 ml Orangenlimonade

Für die Füllung:
3 große Hanutas

Zum Dekorieren:
200 g feinherbe Schokoladenkuvertüre
Zuckerblumen

Zubereitung:

1. Den Backofen auf 190° C vorheizen, Umluft auf 175° C, Gas Stufe 2. Eine 6er Muffinform gut einfetten oder mit kleinen Papierförmchen auslegen.

2. Das Mehl zusammen mit dem Backpulver und dem Natron in eine Schüssel sieben und beiseite stellen. Die Hanutas grob hacken.

3. Den Zucker, die Butter und das Ei mit den Schneebesen des Handrührgerätes schaumig schlagen. Die Mehlmischung und die Orangenlimonade dazugeben und zügig zu einem glatten Teig verarbeiten.

4. Je einen gehäuften Esslöffel des Teiges in die Vertiefungen der Muffinform füllen und 5 Minuten anbacken. Danach die Hanutawürfel darüber streuen, mit dem restlichen Teig bedecken und in weiteren 20 Minuten fertig backen. Nach Ablauf der Backzeit herausnehmen, 5 bis 10 Minuten in der Form ruhen lassen, die Muffins anschließend aus der Form lösen und auf einem Kuchengitter gut auskühlen lassen.

5. Die Schokoladenkuvertüre im heißen Wasserbad schmelzen. Die Muffins damit begießen und mit Zuckerblumen bestreuen.

Hanuta-Muffins

Puffreis Jogurt Puffreis Jogurt

Zutaten für 12 Muffins:

Für den Teig:
110 g Mehl Type 405
80 g bunter Puffreis
1/2 Päckchen Backpulver
1 Msp. Natron
1 Ei Größe M
60 g Zucker
1 Päckchen Vanillinzucker
1/2 Päckchen Orangeback
50 g weiche Butter
150 ml Schokomilch

Für die Füllung:
12 Schokoladeneier mit Jogurtfüllung

Zum Dekorieren:
bunte Papierförmchen

Zubereitung:

1. Den Backofen auf 190° C vorheizen, Umluft auf 175° C, Gas Stufe 2. Eine 12er Muffinform gut einfetten oder mit kleinen Papierförmchen auslegen.

2. Das Mehl zusammen mit dem Backpulver und dem Natron in eine Schüssel sieben und beiseite stellen. Die Schokoladeneier auspacken und ebenfalls bereithalten.

3. Den Zucker, die Butter, Vanillinzucker, Orangeback und das Ei mit den Schneebesen des Handrührgerätes schaumig schlagen. Die Mehlmischung und die Schokomilch dazugeben und zügig zu einem glatten Teig verarbeiten. Den Puffreis vorsichtig unter den Teig heben.

4. Die Hälfte der Teigmischung in die Vertiefungen der Muffinform füllen, jeweils ein Schokoladenei hineinlegen und mit dem verbliebenen Teig bedecken. Sofort in den Backofen schieben und ca. 20 Minuten backen. Nach Ablauf der Backzeit herausnehmen, 5 bis 10 Minuten in der Form ruhen lassen, die Muffins anschließend aus der Form lösen und auf einem Kuchengitter gut auskühlen lassen.

5. Wenn zum Backen Papierförmchen verwendet werden, diese vor dem Servieren entfernen und durch bunte Förmchen ersetzen.

Puffreis-Jogurt-Muffins

Mozart Mozart Mozart Mozart

Zutaten für 12 Muffins:

Für den Teig:
250 g Mehl Type 405
1 Päckchen Backpulver
1 Ei Größe M
120 g Zucker
80 ml Pflanzenöl
300 ml Buttermilch

Für die Füllung:
12 Mozartkugeln

Zum Dekorieren:
100 g Puderzucker
2 EL Wasser
50 g gehackte Pistazien

Zubereitung:

1. Den Backofen auf 190° C vorheizen, Umluft auf 175° C, Gas Stufe 2. Eine 12er Muffinform gut einfetten oder mit Papierförmchen auslegen.

2. Das Mehl zusammen mit dem Backpulver in eine Schüssel sieben und beiseite stellen.

3. Das Öl und das Ei mit den Schneebesen des Handrührgerätes schaumig schlagen. Die Mehlmischung und die Buttermilch dazugeben und zügig zu einem glatten Teig verarbeiten.

4. Die Hälfte des Teiges in die Vertiefungen der Muffinform füllen, je eine Mozartkugel darauf legen und mit dem restlichen Teig bedecken. Sofort in den Backofen schieben und ca. 30 Minuten backen. Nach Ablauf der Backzeit herausnehmen, ca. 5 bis 10 Minuten in der Form ruhen lassen, danach die Muffins aus der Form lösen und auf einem Kuchengitter gut auskühlen lassen.

5. Aus Puderzucker und Wasser einen Guss rühren, die Muffins jeweils mit einem Klecks verzieren und die gehackten Pistazien darüber streuen.

Mozart-Muffins

Mon Chéri Mon Chéri Mon Chéri

Zutaten für 6 Muffins:

Für den Teig:
130 g Mehl Type 405
1/2 Päckchen Backpulver
1 Msp. Natron
1 Ei Größe M
60 g Zucker
50 g weiche Butter
40 g gemahlene Mandeln
1 Päckchen Vanillezucker
150 ml Milch

Für die Füllung:
6 Mon Chéri

Zum Dekorieren:
Puderzucker
verschiedene Deko-Flaggen

Zubereitung:

1. Den Backofen auf 190° C vorheizen, Umluft auf 175° C, Gas Stufe 2. Eine 6er Muffinform gut einfetten oder mit kleinen Papierförmchen auslegen.

2. Das Mehl zusammen mit dem Backpulver und dem Natron in eine Schüssel sieben und beiseite stellen.

3. Den Zucker, den Vanillezucker, die Butter und das Ei mit den Schneebesen des Handrührgerätes schaumig schlagen. Die Mehlmischung, die Mandeln und die Milch dazugeben und zügig zu einem glatten Teig verarbeiten.

4. Je einen gehäuften Esslöffel des Teiges in die Vertiefungen der Muffinform füllen und 5 Minuten anbacken. Danach je ein Mon Chéri hineinsetzen, mit dem restlichen Teig bedecken und in weiteren 20 Minuten fertig backen. Nach Ablauf der Backzeit herausnehmen, 5 bis 10 Minuten in der Form ruhen lassen, danach die Muffins aus der Form lösen und auf einem Kuchengitter gut auskühlen lassen.

5. Vor dem Servieren mit Puderzucker bestäuben und eine Deko-Flagge hineinstecken.

Mon-Chéri-Muffins

Mohn Rosinen Mohn Rosinen Mohn

Zutaten für 6 Muffins:

Für den Teig:
130 g Schnell-Mehl (z. B. Goldpuder)
1/2 Päckchen Backpulver
1 Msp. Natron, 1 Ei Größe M
60 g Zucker
50 g weiche Butter
150 g Vanille-Jogurt

Für die Füllung:
80 g Mohnback
(backfertige Mohnfüllung)
50 g Sultaninen
1 Spritzer Backaroma Rum

Zum Dekorieren:
50 g Puderzucker
etwas Wasser oder Zitronensaft
2–3 TL Mohn

Zubereitung:

1. Den Backofen auf 190° C vorheizen, Umluft auf 175° C, Gas Stufe 2. Eine 6er Muffinform gut einfetten oder mit kleinen Papierförmchen auslegen.

2. Das Mehl zusammen mit dem Backpulver und dem Natron in eine Schüssel sieben und beiseite stellen. Die Sultaninen waschen und ca. 20 Minuten in heißem Wasser einweichen.

3. Den Zucker, die Butter und das Ei mit den Schneebesen des Handrührgerätes schaumig schlagen. Die Mehlmischung und den Vanille-Jogurt dazugeben und zügig zu einem glatten Teig verarbeiten.

4. Die Sultaninen aus dem Wasser nehmen und mit Küchenpapier trockentupfen. Zusammen mit dem Mohnback gut vermischen.

5. Die Hälfte des Teiges in die Vertiefungen der Muffinform füllen. Von der Mohn-Mischung mithilfe von zwei Teelöffeln 6 Nocken abstechen, auf den Teig legen und mit dem restlichen Teig bedecken. Sofort in den Backofen schieben und ca. 25 Minuten backen. Nach Ablauf der Backzeit herausnehmen, 5 bis 10 Minuten in der Form ruhen lassen, danach die Muffins aus der Form lösen und auf einem Kuchengitter gut auskühlen lassen.

6. Den Puderzucker mit einigen Spritzern Wasser oder Zitronensaft zu einem Guss rühren. Die Muffins damit begießen und mit aufgestreutem Mohn dekorieren.

Mohn-Rosinen-Muffins

Pflaumenmus Pflaumenmus

Zutaten für 12 Muffins:

Für den Teig:
250 g Mehl Type 405
1 Päckchen Backpulver
1 Ei Größe M
130 g Zucker
1 Päckchen Vanillinzucker
80 ml Pflanzenöl
300 g Naturjogurt

Für die Füllung:
150 g Pflaumenmus

Zum Dekorieren:
Puderzucker

Zubereitung:

1. Den Backofen auf 190° C vorheizen, Umluft auf 175° C, Gas Stufe 2. Eine 12er Muffinform gut einfetten oder mit kleinen Papierförmchen auslegen.

2. Das Mehl zusammen mit dem Backpulver in eine Schüssel sieben und beiseite stellen.

3. Den Zucker, den Vanillinzucker, das Öl und das Ei mit den Schneebesen des Handrührgerätes schaumig schlagen. Die Mehlmischung und den Jogurt dazugeben und zügig zu einem glatten Teig verarbeiten.

4. Die Hälfte des Teiges in die Vertiefungen der Muffinform füllen. Einen Klecks Pflaumenmus darauf geben und mit dem restlichen Teig bedecken. Sofort in den Backofen schieben und ca. 25 Minuten backen. Nach Ablauf der Backzeit herausnehmen, 5 bis 10 Minuten in der Form ruhen lassen, danach die Muffins aus der Form lösen und auf einem Kuchengitter gut auskühlen lassen.

5. Vor dem Servieren mit Puderzucker bestäuben.

Pflaumenmus-Muffins

23

Pistazienschnee

Zutaten für 6 Muffins:

Für den Teig:
130 g Mehl Type 405
1/2 Päckchen Backpulver
1 Msp. Natron
1 Ei Größe M
60 g Zucker
1/2 Päckchen Vanillinzucker
1 EL Kürbis-Apfel-Konfitüre
40 ml Pflanzenöl
150 g Naturjogurt

Für die Füllung:
1 Prise Salz
60 g gehackte Pistazien
3 TL Crème de Cassis (schwarzer Johannisbeerlikör)

Zum Dekorieren:
Puderzucker

Zubereitung:

1. Den Backofen auf 190° C vorheizen, Umluft auf 175° C, Gas Stufe 2. Eine 6er Muffinform gut einfetten oder mit kleinen Papierförmchen auslegen.

2. Das Mehl zusammen mit dem Backpulver und dem Natron in eine Schüssel sieben und beiseite stellen. Das Ei trennen und das Eiweiß mit einer Prise Salz zu steifem Schnee schlagen.

3. Den Zucker, den Vanillinzucker, das Öl, die Konfitüre und das Eigelb mit den Schneebesen des Handrührgerätes schaumig schlagen. Die Mehlmischung und den Jogurt dazugeben und zügig zu einem glatten Teig verarbeiten.

4. Die gehackten Pistazien vorsichtig unter den Eischnee heben und mit Crème de Cassis beträufeln.

5. Die Hälfte des Teiges in die Vertiefungen der Muffinform füllen. Den Pistazienschnee darüber verteilen und mit dem verbliebenen Teig bedecken. Sofort in den Backofen schieben und ca. 20 bis 25 Minuten backen. Nach Ablauf der Backzeit herausnehmen, 5 bis 10 Minuten in der Form ruhen lassen, danach die Muffins aus der Form lösen und auf einem Kuchengitter gut abkühlen lassen. Danach mit Puderzucker bestäuben.

Pistazienschnee-Muffins

Mandel Baiser

Zutaten für 12 Muffins:

Für den Teig:
250 g Mehl Type 405
1 Päckchen Backpulver
1 TL Natron
1 Ei Größe L, 140 g Zucker
1 TL Vanillinzucker
80 ml Pflanzenöl
300 g Vanillejogurt
100 g gehackte Mandeln
5–6 EL Schokoladenblättchen

Für die Füllung:
12 Irish-Coffee-Pralinen
(oder Eiskonfekt)

Zum Dekorieren:
weiße Kuchenglasur
12 Irish-Coffee-Pralinen

Zubereitung:

1. Den Backofen auf 190° C vorheizen, Umluft auf 175° C, Gas Stufe 2. Eine 12er Muffinform gut einfetten oder mit Papierförmchen auslegen.

2. Das Ei trennen und das Eiweiß mit Vanillinzucker und 2 EL Zucker zu schnittfestem Schnee schlagen.

3. Den restlichen Zucker, das Öl und das Eigelb mit den Schneebesen des Handrührgerätes schaumig schlagen.

4. Das durchgesiebte Mehl und das Backpulver zusammen mit dem Natron in einer zweiten Schüssel vermengen. Die Mehlmischung mit dem Vanillejogurt zügig in die Ölmasse einrühren.

5. Die Hälfte des Teiges in die Muffinform füllen. In jede Vertiefung in die Mitte eine Praline auf den Teig legen und den restlichen Teig darüber geben.

6. Die gehackten Mandeln unter den Eischnee heben. Die Masse auf den Muffins verteilen und mit Schokoladenblättchen bestreuen. Sofort in den Ofen schieben und ca. 30 Minuten backen. Die Form aus dem Ofen nehmen und etwa 5 bis 10 Minuten auskühlen lassen.

7. Die Kuchenglasur im heißen Wasserbad schmelzen. Die Muffins aus der Form lösen und noch warm mit der Glasur und den Pralinen verzieren.

Mandel-Baiser-Muffins

Cappuccino

Zutaten für 6 Muffins:

Für den Teig:
140 g Mehl Type 405
1/2 Päckchen Backpulver
1 Msp. Natron
1 Ei Größe M
60 g Zucker
50 g weiche Butter
100 g Stracciatella-Jogurt
4 TL Cappuccino-Pulver
1 Schuss Milch

Für die Füllung:
75 g Mokkabohnen aus Schokolade

Zum Dekorieren:
100 g feinherbe Schokoladenkuvertüre

Zubereitung:

1. Den Backofen auf 190° C vorheizen, Umluft auf 175° C, Gas Stufe 2. Eine 6er Muffinform gut einfetten oder mit kleinen Papierförmchen auslegen.

2. Das Mehl zusammen mit dem Backpulver und dem Natron in eine Schüssel sieben und beiseite stellen. Von den Mokkabohnen 18 Stück für die Dekoration zurücklegen. Das Cappuccino-Pulver mit 2 EL heißem Wasser auflösen.

3. Den Zucker, die Butter und das Ei mit den Schneebesen des Handrührgerätes schaumig schlagen. Die Mehlmischung, den Stracciatella-Jogurt und den Cappuccino dazugeben und zusätzlich mit einem Schuss Milch zügig zu einem glatten Teig verarbeiten. Die Mokkabohnen mit einem Löffel unterheben.

4. Den Teig in die Vertiefungen der Muffinform füllen, sofort in den Backofen schieben und ca. 25 Minuten backen. Nach Ablauf der Backzeit herausnehmen, 5 bis 10 Minuten in der Form ruhen lassen, danach die Muffins aus der Form lösen und auf einem Kuchengitter gut auskühlen lassen.

5. Die Schokoladenkuvertüre im heißen Wasserbad schmelzen. Die Muffins mithilfe eines Teelöffels damit beträufeln und mit je drei Mokkabohnen verzieren.

Cappuccino-Muffins

Rhabarber Vanille Rhabarber Vanille

Zutaten für 12 Muffins:

Für den Teig:
260 g Dinkelmehl Type 630
1 Päckchen Backpulver
1/2 TL Natron
1 Ei Größe M
130 g Zucker
1 Päckchen Vanillezucker
100 g weiche Butter
250 ml Milch

Für die Füllung:
1 kg Rhabarber
5 EL Zucker
125 ml Wasser
1 Päckchen Vanillepudding

Zum Dekorieren:
200 ml süße Sahne
1 Päckchen Vanillezucker
1 Päckchen Sahnesteif
Puderzucker

Zubereitung:

1. Den Backofen auf 190° C vorheizen, Umluft auf 175° C, Gas Stufe 2. Eine 12er Muffinform gut einfetten oder mit kleinen Papierförmchen auslegen.

2. Den Rhabarber waschen und die äußere Haut der Stängel mit einem scharfen Messer abziehen. In 4 bis 5 cm lange Stücke schneiden und mit Zucker und Wasser ca. 10 Minuten unter ständigem Rühren weich kochen. Das Puddingpulver mit 6 EL kaltem Wasser anrühren, zum Rhabarberkompott geben und kurz aufkochen lassen, bis ein sämiges Mus entsteht.

3. Das Mehl zusammen mit dem Backpulver und dem Natron in eine Schüssel sieben und beiseite stellen.

4. Den Zucker, die Butter und das Ei mit den Schneebesen des Handrührgerätes schaumig schlagen. Die Mehlmischung und die Milch dazugeben und zügig zu einem glatten Teig verarbeiten.

5. Den Teig in die Vertiefungen der Muffinform füllen und sofort ca. 20 Minuten backen. Nach Ablauf der Backzeit herausnehmen, 5 bis 10 Minuten in der Form ruhen lassen, danach die Muffins aus der Form lösen und auf einem Kuchengitter auskühlen lassen.

6. Die abgekühlten Muffins quer durchschneiden und jeweils einen Esslöffel des Rhabarber-Vanille-Kompotts auf den Böden verteilen, den Deckel darauf legen und jeden Muffin auf einen Dessertteller setzen. Die Sahne mit Vanillezucker und Sahnesteif steif schlagen. Auf jeden Teller einen Klecks Kompott geben und mit einem Sahnehäubchen verzieren. Zum Schluss das Ganze mit Puderzucker bestäuben.

Rhabarber-Vanille-Muffins

Grieß Grieß Grieß Grieß Grieß

Zutaten für 12 Muffins:

Für den Teig:
230 g Mehl Type 405
1 Päckchen Backpulver
1 Msp. Natron
1 EL Kakao
1 Ei Größe L
130 g Zucker
70 ml Pflanzenöl
270 ml Buttermilch

Für die Füllung:
1 Packg. Grießbrei-Fertigmischung (für 1/2 l Milch)

Zum Dekorieren:
weiße Kuchenglasur
bunte Zuckerplättchen

Zubereitung:

1. Den Backofen auf 190° C vorheizen, Umluft auf 175° C, Gas Stufe 2. Eine 12er Muffinform gut einfetten oder mit Papierförmchen auslegen.

2. Den Grießbrei nach Packungsanweisung zubereiten und auskühlen lassen.

3. Den Zucker, das Öl und das Ei mit den Schneebesen des Handrührgerätes schaumig schlagen.

4. Das durchgesiebte Mehl und das Backpulver zusammen mit dem Natron in einer zweiten Schüssel vermengen. Das Kakaopulver in die Mehlmischung sieben, gut verrühren. Die Mehlmischung mit der Buttermilch zügig in die Ölmasse einrühren.

5. Die Hälfte des Teiges in die Muffinform füllen. Den Grießbrei gleichmäßig in die 12 Vertiefungen verteilen und den restlichen Teig darüber geben. Sofort in den Ofen schieben und ca. 30 Minuten backen.

6. Die Form aus dem Backofen nehmen und etwa 5–10 Minuten ruhen lassen. Danach die Muffins aus der Form lösen und zum Auskühlen auf ein Kuchengitter legen.

7. Die Kuchenglasur im heißen Wasserbad schmelzen. Eine kleine Ecke aufschneiden und die Glasur zügig im Zickzack über den Muffins verteilen. Zum Schluss die Zuckerplättchen darüber streuen.

Grieß-Muffins

Eierlikör Eierlikör Eierlikör Eierlikö.

Zutaten für 12 Muffins:

Für den Teig:
250 g Mehl Type 405
4 Eier Größe M
250 g Zucker
250 g weiche Butter
40 ml Eierlikör

Für die Füllung:
100 ml süße Sahne

Zum Dekorieren:
Borkenschokolade
Eierlikör

Zubereitung:

1. Den Backofen auf 190° C vorheizen, Umluft auf 175° C, Gas Stufe 2. Eine 12er Muffinform gut einfetten oder mit Papierförmchen auslegen.

2. Die Eier und den Zucker mit den Schneebesen des Handrührgerätes schaumig schlagen. Die Butter nach und nach dazugeben. Den Likör unterrühren.

3. Das durchgesiebte Mehl unter Rühren unterheben.

4. Den Teig in die Vertiefungen der Muffinform füllen. Sofort in den Ofen schieben und ca. 20 bis 25 Minuten backen. Nach Ablauf der Backzeit aus dem Ofen nehmen und 5 bis 10 Minuten in der Form ruhen lassen.

5. Danach die Muffins aus der Form lösen und auf einem Kuchengitter auskühlen lassen. In der Zwischenzeit die Sahne steif schlagen. Die Muffins quer durchschneiden und mit der Sahne füllen. Die Deckel darauf setzen, mit Sahne und Borkenschokolade verzieren. Nach Belieben noch etwas Eierlikör darüber träufeln.

Eierlikör-Muffins

Apfel Zimt Apfel Zimt Apfel Zimt

Zutaten für 12 Muffins:

<u>Für den Teig:</u>
260 g Mehl Type 405
1 Päckchen Backpulver
1/2 TL Natron
1/2 TL Zimt
1 Ei Größe M
130 g Zucker
100 g weiche Butter
250 ml Milch

<u>Für die Füllung:</u>
3 kleine Äpfel

Zubereitung:

1. Den Backofen auf 190° C vorheizen, Umluft auf 175° C, Gas Stufe 2. Eine 12er Muffinform gut einfetten oder mit kleinen Papierförmchen auslegen.

2. Das Mehl zusammen mit dem Backpulver und dem Natron in eine Schüssel sieben und beiseite stellen. Die Äpfel schälen, vom Kerngehäuse befreien und das Fruchtfleisch in kleine Stücke schneiden.

3. Den Zucker, die Butter und das Ei mit den Schneebesen des Handrührgerätes schaumig schlagen. Die Mehlmischung, den Zimt und die Milch dazugeben und zügig zu einem glatten Teig verarbeiten. Die Apfelstücke mit einem Löffel unterheben.

4. Den Teig in die Vertiefungen der Muffinform füllen, sofort in den Backofen schieben und ca. 20 Minuten backen. Nach Ablauf der Backzeit herausnehmen, 5 bis 10 Minuten in der Form ruhen lassen, danach die Muffins aus der Form lösen und auf einem Kuchengitter gut auskühlen lassen.

Apfel-Zimt-Muffins

Himbeer Baiser Himbeer Baiser

Zutaten für 6 Muffins:

Für den Teig:
130 g Mehl Type 405
1/2 Päckchen Backpulver
1 Msp. Natron
1 Eigelb, 60 g Zucker
50 g weiche Butter
150 g Naturjogurt
1 EL Crème fraîche

Für die Füllung:
1 Eiweiß
125 g Himbeeren
40 g gemahlene Mandeln
1 Prise Salz

Zum Dekorieren:
dunkle Kuchenglasur
125 ml süße Sahne
6 Himbeeren

Zubereitung:

1. Den Backofen auf 190° C vorheizen, Umluft auf 175° C, Gas Stufe 2. Eine 6er Muffinform gut einfetten oder mit kleinen Papierförmchen auslegen.

2. Zunächst das Ei trennen. Das Mehl zusammen mit dem Backpulver und dem Natron in eine Schüssel sieben und beiseite stellen. Die Himbeeren verlesen, 6 Stück für die Dekoration aufbewahren.

3. Das Eiweiß mit einer Prise Salz zu steifem Schnee schlagen. Die Himbeeren und die gemahlenen Mandeln dazugeben und vorsichtig mit einem Kochlöffel unterheben.

4. Den Zucker, die Butter und das Eigelb mit den Schneebesen des Handrührgerätes schaumig schlagen. Die Mehlmischung, die Crème fraîche und den Naturjogurt dazugeben und zügig zu einem glatten Teig verarbeiten.

5. Die Hälfte des Teiges in die Vertiefungen der Muffinform füllen. Jeweils mit zwei Teelöffeln das Himbeer-Baiser darauf verteilen und vorsichtig mit dem restlichen Teig bedecken. Sofort in den Backofen schieben und ca. 25 Minuten backen. Nach Ablauf der Backzeit herausnehmen, 5 bis 10 Minuten in der Form ruhen lassen, danach die Muffins aus der Form lösen und auf einem Kuchengitter gut auskühlen lassen.

6. In der Zwischenzeit die Sahne steif schlagen und jeden Muffin mit Kuchenglasur und einem Sahnetupfer verzieren. Zum Schluss je eine Himbeere darauf setzen.

Himbeer-Baiser-Muffins

Erdbeer Quark

Zutaten für 12 Muffins:

Für den Teig:
250 g Mehl Type 405
1 Päckchen Backpulver
1/2 TL Natron
1 Päckchen Vanillinzucker
1 Ei Größe M
130 g Zucker
80 ml Pflanzenöl
300 g Naturjogurt

Für die Füllung:
250 g Erdbeeren
250 g Speisequark
1 Packung Dessertpulver Quarkfein mit Erdbeergeschmack

Zum Dekorieren:
200 ml süße Sahne

Zubereitung:

1. Den Backofen auf 190° C vorheizen, Umluft auf 175° C, Gas Stufe 2. Eine 12er Muffinform gut einfetten oder mit kleinen Papierförmchen auslegen.

2. Das Mehl zusammen mit dem Backpulver und dem Natron in eine Schüssel sieben und beiseite stellen. Die Erdbeeren waschen, putzen und in kleine Stücke schneiden. 12 Stückchen für die Verzierung beiseite legen.

3. Das Öl, den Zucker, den Vanillinzucker und das Ei mit den Schneebesen des Handrührgerätes schaumig schlagen. Die Mehlmischung und den Jogurt dazugeben und schnell zu einem glatten Teig verarbeiten. Ca. 2/3 der klein geschnittenen Erdbeeren mit einem Löffel unterheben.

4. Den Teig in die Vertiefungen der Muffinform füllen. Sofort in den Backofen schieben und ca. 25 Minuten backen. Nach Ablauf der Backzeit herausnehmen, 5 bis 10 Minuten in der Form ruhen lassen, danach die Muffins aus der Form lösen und auf einem Kuchengitter gut auskühlen lassen.

5. In der Zwischenzeit das Dessertpulver nach Packungsanleitung zubereiten. Den Quark und die restlichen Erdbeeren unterrühren. Bis zur Verwendung kalt stellen.

6. Von den abgekühlten Muffins einen Deckel abschneiden, den Boden mit je einem Esslöffel Erdbeer-Quark-Mischung bedecken und den Deckel vorsichtig aufdrücken. Die Sahne steif schlagen und jeden Muffin mit einem Sahnehäubchen und einem Erdbeerstück verzieren. Den verbliebenen Erdbeerquark dazu reichen.

Erdbeer-Quark-Muffins

Stachelbeer Marzipan Stachelbeer

Zutaten für 12 Muffins:

Für den Teig:
250 g Mehl Type 405
1 Päckchen Backpulver
1/2 TL Natron
1 Ei Größe M
100 g Zucker
100 g weiche Butter
1 Fläschchen Zitronenaroma
1 EL Kakao
300 ml Schokomilch

Für die Füllung:
200 g Marzipan-Rohmasse
12 kleine Stachelbeeren
12 Pistazien

Zum Dekorieren:
100 g Puderzucker
2 EL Zitronensaft
gehackte Pistazien

Zubereitung:

1. Den Backofen auf 190° C vorheizen, Umluft auf 175° C, Gas Stufe 2. Eine 12er Muffinform gut einfetten oder mit kleinen Papierförmchen auslegen.

2. Das Mehl zusammen mit dem Backpulver und dem Natron in eine Schüssel sieben und beiseite stellen.

3. Die Stachelbeeren waschen und auf Küchenkrepp trocknen. Die Marzipan-Rohmasse in 12 gleich große Stücke teilen, zu Kugeln rollen und zwischen den Handflächen platt drücken. Zwischen den Daumen und Zeigefingern rund ziehen, jeweils mit einer Pistazie und einer Stachelbeere füllen und wieder zu einer Kugel verschließen. Bis zur Verwendung kühl stellen.

4. Den Zucker, die Butter und das Ei mit den Schneebesen des Handrührgerätes schaumig schlagen. Die Mehlmischung, den Kakao, die Schokomilch und das Zitronenaroma dazugeben und zügig zu einem glatten Teig verarbeiten.

5. Die Hälfte des Teiges in die Vertiefungen der Muffinform füllen, die Marzipankugeln hineinlegen und mit dem verbliebenen Teig bedecken. Sofort in den Backofen schieben und ca. 25 Minuten backen. Nach Ablauf der Backzeit herausnehmen, 5 bis 10 Minuten in der Form ruhen lassen, danach die Muffins aus der Form lösen und auf einem Kuchengitter auskühlen lassen.

6. Aus Puderzucker und Zitronensaft einen Guss rühren, die Muffins damit bestreichen und mit den gehackten Pistazien bestreuen.

Stachelbeer-Marzipan-Muffins

Stachelbeer Baiser Stachelbeer

Zutaten für 6 Muffins:

Für den Teig:
100 g Mehl Type 405
1 TL Backpulver
1 Msp. Natron
1 Ei Größe M
50 g Zucker
35 ml Pflanzenöl
90 g Nuss-Nugat
100 ml Stachelbeersaft

Für die Füllung:
1 kleines Glas Stachelbeeren (ca. 140 g)

Zum Dekorieren:
Baisermasse aus 1 Eiweiß, 1 Prise Salz und 2 TL Zucker

Zubereitung:

1. Den Backofen auf 190° C vorheizen, Umluft auf 175° C, Gas Stufe 2. Eine 6er Muffinform gut einfetten oder mit kleinen Papierförmchen auslegen. Das Nuss-Nugat bei Zimmertemperatur weich werden lassen oder im Wasserbad schmelzen.

2. Das Mehl zusammen mit dem Backpulver und dem Natron in eine Schüssel sieben und beiseite stellen. Die Stachelbeeren abschütten – den Saft dabei auffangen – und gut abtropfen lassen. Das Ei trennen und das Eiweiß mit einer Prise Salz und 2 TL Zucker zu steifem Schnee schlagen.

3. Den Zucker, das Öl und das Eigelb mit den Schneebesen des Handrührgerätes schaumig schlagen. Die Mehlmischung, den Stachelbeersaft und das Nuss-Nugat dazugeben und zügig zu einem glatten Teig verarbeiten.

4. Den Teig in die Vertiefungen der Muffinform füllen, sofort in den Backofen schieben und ca. 25 Minuten backen. Nach Ablauf der Backzeit herausnehmen, kurz abkühlen lassen und mit den Stachelbeeren belegen (ruhig etwas in den Teig drücken).

5. Das Baiser in einen Spritzbeutel füllen und die Muffins beliebig verzieren. Danach weitere 5 Minuten in den Backofen stellen, bis das Baiser leicht braun ist. Aus dem Ofen nehmen, 5 bis 10 Minuten in der Form ruhen lassen, die Muffins anschließend vorsichtig aus der Form lösen und auf einem Kuchengitter auskühlen lassen.

Stachelbeer-Baiser-Muffins

Pfirsich Kokos Pfirsich Kokos

Zutaten für 12 Muffins:

Für den Teig:
250 g Mehl Type 405
1 Päckchen Backpulver
1/2 TL Natron
1 Ei Größe M, 120 g Zucker
100 g weiche Butter
100 ml Pfirsichsaft
1 Spritzer Kirschwasser

Für die Füllung:
1 Dose Pfirsiche
60 g Kokosflocken

Zum Dekorieren:
125 ml süße Sahne

Zubereitung:

1. Den Backofen auf 190° C vorheizen, Umluft auf 175° C, Gas Stufe 2. Eine 12er Muffinform gut einfetten oder mit kleinen Papierförmchen auslegen.

2. Das Mehl zusammen mit dem Backpulver und dem Natron in eine Schüssel sieben und beiseite stellen. Die Pfirsiche abgießen, dabei den Saft auffangen und anschließend das Fruchtfleisch würfeln.

3. Den Zucker, die Butter und das Ei mit den Schneebesen des Handrührgerätes schaumig schlagen. Die Mehlmischung, das Kirschwasser und den Pfirsichsaft dazugeben und zügig zu einem glatten Teig verarbeiten.

4. Die Pfirsichwürfel mit den Kokosflocken mischen. 1/3 der Mischung für die Dekoration beiseite stellen.

5. Die Hälfte des Teiges in die Vertiefungen der Muffinform füllen. Die Pfirsich-Kokos-Mischung darauf geben und mit dem restlichen Teig bedecken. Sofort in den Backofen schieben und ca. 25 Minuten backen. Nach Ablauf der Backzeit herausnehmen, 5 bis 10 Minuten in der Form ruhen lassen, danach die Muffins aus der Form lösen und auf einem Kuchengitter auskühlen lassen.

6. Die Sahne steif schlagen. Die Muffins auf Tellern anrichten und mit einem Spritzbeutel jeweils mit einem Sahnehäubchen verzieren. Die übrige Pfirsich-Kokos-Mischung locker über die Muffins und auf die Dessertteller streuen.

Pfirsich-Kokos-Muffins

Blaubeer Quark Blaubeer Quark

Zutaten für 6 Muffins:

Für den Teig:
140 g Mehl Type 405
1/2 Päckchen Backpulver
1 Msp. Natron
1 Ei Größe M
60 g Zucker
1 Päckchen Vanillinzucker
40 ml Pflanzenöl
100 ml Milch

Für die Füllung:
1 kleines Glas Blaubeeren (Heidelbeeren), ca. 100 g Abtropfgewicht
70–80 g Quark

Zubereitung:

1. Den Backofen auf 190° C vorheizen, Umluft auf 175° C, Gas Stufe 2. Eine 6er Muffinform gut einfetten oder mit kleinen Papierförmchen auslegen.

2. Das Mehl zusammen mit dem Backpulver und dem Natron in eine Schüssel sieben und beiseite stellen. Die Blaubeeren abschütten und gut abtropfen lassen.

3. Den Zucker, den Vanillinzucker, das Öl und das Ei mit den Schneebesen des Handrührgerätes schaumig schlagen. Die Mehlmischung und die Milch dazugeben und zügig zu einem glatten Teig verarbeiten. Die Blaubeeren mit einem Löffel unterheben.

4. Die Hälfte des Teiges in die Vertiefungen der Muffinform füllen. Mit einem Teelöffel jeweils einen Klecks Quark darauf setzen und mit dem verbliebenen Teig bedecken. Sofort in den Backofen schieben und ca. 20 Minuten backen. Nach Ablauf der Backzeit herausnehmen, 5 bis 10 Minuten in der Form ruhen lassen, danach die Muffins aus der Form lösen und auf einem Kuchengitter abkühlen lassen.

Blaubeer-Quark-Muffins

Aprikose Aprikose Aprikose

Zutaten für 12 Muffins (flexible Form):

Für den Teig:
140 g Mehl Type 405
1/2 Päckchen Backpulver
1 Msp. Natron
1 Ei Größe L
70 g Zucker
1/2 TL Orangeback
40 ml Pflanzenöl
140 g Stracciatella-Jogurt

Für die Füllung:
1 kl. Dose Aprikosen (225 g)

Zum Dekorieren:
Aprikosenmarmelade
1 EL Schokoladeblättchen

Zubereitung:

1. Den Backofen auf 190° C vorheizen, Umluft auf 175° C, Gas Stufe 2. Eine 12er flexible Muffinform mit kaltem Wasser ausspülen und mit einigen Tropfen neutralem Speiseöl bepinseln.

2. Den Zucker, das Öl, das Orangeback und das Ei mit den Schneebesen des Handrührgerätes schaumig schlagen.

3. Das durchgesiebte Mehl und das Backpulver zusammen mit dem Natron in einer zweiten Schüssel vermengen. Die Mehlmischung mit dem Stracciatella-Jogurt zügig in die Ölmasse einrühren.

4. Die Muffinform auf den Rost des Backofens stellen und den Teig einfüllen. Jeweils eine Aprikosenhälfte in die Mitte auf den Teig legen und leicht eindrücken. Sofort in den Backofen schieben und ca. 25 Minuten backen.

5. Die Form aus dem Backofen nehmen und etwa 5 Minuten ruhen lassen. Die Muffins aus der Form lösen und zum Auskühlen auf ein Kuchengitter legen.

6. Die Aprikosenmarmelade in einem Topf unter ständigem Rühren erwärmen. Die noch warmen Muffins mit der Marmelade bestreichen und Schokoladenblättchen darüber streuen.

Aprikosen-Muffins

Nashi Mohn Nashi Mohn Nashi

Zutaten für 12 Muffins:

Für den Teig:
250 g Mehl Type 405
1 Päckchen Backpulver
1/2 TL Natron
1 Ei Größe M
120 g Zucker
70 g Mohnback
(backfertige Mohnfüllung)
80 ml Pflanzenöl
300 ml Buttermilch

Für die Füllung:
2 Nashi-Birnen

Zum Dekorieren:
Schokoladensoße
Nuss-Krokant

Zubereitung:

1. Den Backofen auf 190° C vorheizen, Umluft auf 175° C, Gas Stufe 2. Eine 12er Muffinform gut einfetten oder mit kleinen Papierförmchen auslegen.

2. Das Mehl zusammen mit dem Backpulver und dem Natron in eine Schüssel sieben und beiseite stellen. Die Nashi-Birnen waschen und würfeln.

3. Den Zucker, das Öl und das Ei mit den Schneebesen des Handrührgerätes schaumig schlagen. Die Mehlmischung, die Buttermilch und das Mohnback dazugeben und schnell zu einem glatten Teig verarbeiten.

4. Die Hälfte des Teiges in die Vertiefungen der Muffinform füllen. Die Nashi-Würfel darüber verteilen und mit dem verbliebenen Teig bedecken. Sofort in den Backofen schieben und ca. 25 Minuten backen. Nach Ablauf der Backzeit herausnehmen, 5 bis 10 Minuten in der Form ruhen lassen, danach die Muffins aus der Form lösen und auf einem Kuchengitter abkühlen lassen.

5. Vor dem Servieren mit Schokoladensoße begießen und mit dem Nuss-Krokant bestreuen.

Nashi-Mohn-Muffins

53

Dattel Dattel Dattel Dattel Dattel

Zutaten für 24 Mini-Muffins:

Für den Teig:
140 g Mehl Type 405
1/2 Päckchen Backpulver
1 Msp. Natron
1 Ei Größe M
80 g Zucker
60 ml Pflanzenöl
150 g Stracciatella-Jogurt

Für die Füllung:
12 getrocknete, entsteinte Datteln

Zum Dekorieren:
200 g Vanille-Kuvertüre

Zubereitung:

1. Den Backofen auf 190° C vorheizen, Umluft auf 175° C, Gas Stufe 2. Eine 24er Mini-Muffinform gut einfetten oder mit kleinen Papierförmchen auslegen.

2. Das Mehl zusammen mit dem Backpulver und dem Natron in eine Schüssel sieben und beiseite stellen. Die Datteln für die Füllung halbieren.

3. Den Zucker, das Öl und das Ei mit den Schneebesen des Handrührgerätes schaumig schlagen. Die Mehlmischung und den Stracciatella-Jogurt dazugeben und zügig zu einem glatten Teig verarbeiten.

4. Die Hälfte des Teiges in die Vertiefungen der Muffinform füllen. Jeweils eine halbierte Dattel hineinlegen und mit dem restlichen Teig bedecken. Sofort in den Backofen schieben und ca. 25 Minuten backen. Nach Ablauf der Backzeit herausnehmen, 5 bis 10 Minuten in der Form ruhen lassen, danach die Muffins aus der Form lösen und auf einem Kuchengitter abkühlen lassen.

5. In der Zwischenzeit die Vanille-Kuvertüre im heißen Wasserbad schmelzen. Die abgekühlten Muffins jeweils mit der Oberseite in die Kuvertüre tauchen und erkalten lassen.

Dattel-Muffins

Papaya Nuss Papaya Nuss Papaya

Zutaten für 12 Muffins:

Für den Teig:
250 g Mehl Type 405
1 Päckchen Backpulver
1/2 TL Natron
1 Ei Größe M
120 g Zucker
100 g weiche Butter
300 g Vanillejogurt
1 Päckchen Orangeback

Für die Füllung:
200 g Papayapüree (ca. 1 Papaya)
1 Päckchen Vanillezucker
25 g gemahlene Haselnüsse

Zum Dekorieren:
Schokoladenspäne

Zubereitung:

1. Den Backofen auf 190° C vorheizen, Umluft auf 175° C, Gas Stufe 2. Eine 12er Muffinform gut einfetten oder mit kleinen Papierförmchen auslegen.

2. Das Mehl zusammen mit dem Backpulver und dem Natron in eine Schüssel sieben und beiseite stellen.

3. Die Papaya schälen, halbieren, Kerne mit einem Löffel herausnehmen und das Fruchtfleisch in grobe Stücke schneiden. Die Papayawürfel in ein hohes Gefäß geben, mit dem Vanillezucker bestreuen und mit einem Pürierstab zu feinem Mus verarbeiten. Zum Schluss die gemahlenen Haselnüsse unterrühren.

4. Den Zucker, die Butter und das Ei mit den Schneebesen des Handrührgerätes schaumig schlagen. Die Mehlmischung, das Orangeback und den Vanillejogurt dazugeben und zügig zu einem glatten Teig verarbeiten.

5. Die Hälfte des Teiges in die Vertiefungen der Muffinform füllen. Jeweils ca. 2 Teelöffel Papayapüree darauf geben und mit dem restlichen Teig bedecken. Sofort in den Backofen schieben und ca. 25 Minuten backen. Nach Ablauf der Backzeit herausnehmen, 5 bis 10 Minuten in der Form ruhen lassen, danach die Muffins aus der Form lösen und auf einem Kuchengitter abkühlen lassen.

6. Vor dem Servieren auf jeden Muffin einen Klecks Papayapüree setzen und mit Schokoladenspänen bestreuen.

Papaya-Nuss-Muffins

Pitahaya Espresso Pitahaya

Zutaten für 12 Muffins:

Für den Teig:
250 g Mehl Type 405
1 Päckchen Backpulver
1/2 TL Natron
1 Ei Größe M
120 g Zucker
100 g weiche Butter
1 Schuss Cognac
3 Espressi (Instant)
100 ml Milch

Für die Füllung:
1 Pitahaya

Zum Dekorieren:
ca. 100 g dunkle Schokoladenkuvertüre

Zubereitung:

1. Den Backofen auf 190° C vorheizen, Umluft auf 175° C, Gas Stufe 2. Eine 12er Muffinform gut einfetten oder mit kleinen Papierförmchen auslegen.

2. Das Mehl zusammen mit dem Backpulver und dem Natron in eine Schüssel sieben und beiseite stellen. Die Pitahaya halbieren und für die Dekoration mit einem Pariser Ausstecher 12 Kugeln herausdrehen. Das restliche Fruchtfleisch herausschaben und für die Füllung bereitstellen.

3. Den Zucker, die Butter und das Ei mit den Schneebesen des Handrührgerätes schaumig schlagen. Das Instant-Espressopulver nach Packungsanweisung mit der Milch zubereiten, mit der Mehlmischung zur Schaummasse geben und schnell zu einem glatten Teig verarbeiten.

4. Die Hälfte des Teiges in die Vertiefungen der Muffinform füllen. Das Pitahaya-Fruchtfleisch jeweils in die Mitte verteilen und mit dem verbliebenen Teig bedecken. Sofort in den Backofen schieben und ca. 25 bis 30 Minuten backen. Nach Ablauf der Backzeit herausnehmen, 5 bis 10 Minuten in der Form ruhen lassen, danach die Muffins aus der Form lösen und auf einem Kuchengitter abkühlen lassen.

5. Die Schokoladenkuvertüre im heißen Wasserbad schmelzen, mit einem Teelöffel über die Muffins verteilen und je eine Pitahaya-Kugel darauf setzen.

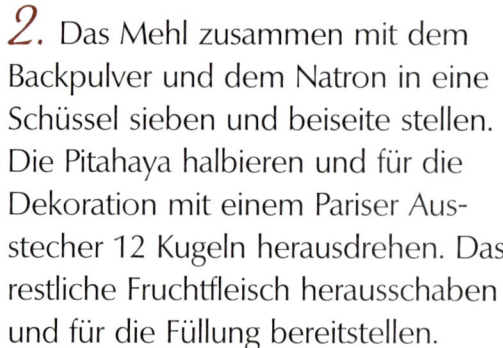

Pitahaya-Espresso-Muffins

Banane Banane Banane Banane

Zutaten für 6 Muffins:

Für den Teig:
140 g Mehl Type 405
1/2 Päckchen Backpulver
1 Msp. Natron
1 Ei Größe M
60 g Zucker
1 Päckchen Vanillezucker
40 ml Pflanzenöl
75–80 ml Milch
1 EL Kakao

Für die Füllung:
1 Banane

Zum Dekorieren:
weiße Kuchenglasur
verschiedene Zuckerfiguren

Zubereitung:

1. Den Backofen auf 190° C vorheizen, Umluft auf 175° C, Gas Stufe 2. Eine 6er Muffinform gut einfetten oder mit kleinen Papierförmchen auslegen.

2. Das Mehl zusammen mit dem Backpulver und dem Natron in eine Schüssel sieben und beiseite stellen.

3. Den Zucker, den Vanillezucker, das Öl und das Ei mit den Schneebesen des Handrührgerätes schaumig schlagen. Die Mehlmischung und die Milch dazugeben und zügig zu einem glatten Teig verarbeiten.

4. Die Hälfte des Teiges in die Vertiefungen der Muffinform füllen. Den verbliebenen Teig mit dem Kakao dunkel färben und über den hellen Teig geben. Die Banane schälen und in 6 gleich große Stücke teilen. Jeweils ein Bananenstück langsam in den Teig drücken.

5. Sofort in den Backofen schieben und ca. 25 Minuten backen. Nach Ablauf der Backzeit herausnehmen, 5 bis 10 Minuten in der Form ruhen lassen, danach die Muffins aus der Form lösen und auf einem Kuchengitter abkühlen lassen.

6. Die abgekühlten Muffins mit Kuchenglasur und Zuckerfiguren dekorieren.

Banane schwarz-weiß

Cranberry Cranberry Cranberry

Zutaten für 6 Muffins:

Für den Teig:
130 g Mehl Type 405
1/2 Päckchen Backpulver
1 Msp. Natron
1/2 Päckchen Vanillezucker
1 Ei Größe M
60 g Zucker
40 ml Pflanzenöl
150 g Vanillejogurt

Für die Füllung:
65 g getrocknete Cranberries
1/2 Päckchen Vanillezucker
1 EL gemahlene Mandeln
1 Prise Salz

Zum Dekorieren:
150 g feinherbe Schokoladenkuvertüre
6 ganze Mandeln

Zubereitung:

1. Den Backofen auf 190° C vorheizen, Umluft auf 175° C, Gas Stufe 2. Eine 6er Muffinform gut einfetten oder mit kleinen Papierförmchen auslegen.

2. Das Mehl zusammen mit dem Backpulver und dem Natron in eine Schüssel sieben und beiseite stellen. Das Ei trennen und das Eiweiß mit einer Prise Salz zu steifem Schnee schlagen. Die gemahlenen Mandeln, den Vanillezucker und die Cranberries vorsichtig unterheben.

3. Das Öl, den Zucker, den Vanillezucker und das Eigelb mit den Schneebesen des Handrührgerätes schaumig schlagen. Die Mehlmischung und den Vanillejogurt dazugeben und zügig zu einem glatten Teig verarbeiten.

4. Die Hälfte des Teiges in die Vertiefungen der Muffinform füllen, den Cranberry-Schnee darüber verteilen, sofort in den Backofen schieben und ca. 25 Minuten backen. Nach Ablauf der Backzeit herausnehmen, 5 bis 10 Minuten in der Form ruhen lassen, danach die Muffins aus der Form lösen und auf einem Kuchengitter abkühlen lassen.

5. Die Schokoladenkuvertüre im heißen Wasserbad schmelzen. Die Muffins mithilfe eines Teelöffels damit begießen und mit je einer Mandel verzieren.

Cranberry-Muffins

Feige Nutella Feige Nutella Feige

Zutaten für 12 Muffins:

Für den Teig:
250 g Dinkelmehl Type 630
1 Päckchen Backpulver
1/2 TL Natron
1 Ei Größe M
120 g Zucker
80 ml Pflanzenöl
300 ml Buttermilch

Für die Füllung:
250 g getrocknete Feigen
1 EL Nutella

Zum Dekorieren:
Puderzucker

Zubereitung:

1. Den Backofen auf 190° C vorheizen, Umluft auf 175° C, Gas Stufe 2. Eine 12er Muffinform gut einfetten oder mit kleinen Papierförmchen auslegen.

2. Das Mehl zusammen mit dem Backpulver und dem Natron in eine Schüssel sieben und beiseite stellen. Die Feigen in kleine Stücke schneiden und mit dem Nutella vermischen.

3. Das Öl, den Zucker und das Ei mit den Schneebesen des Handrührgerätes schaumig schlagen. Die Mehlmischung und die Buttermilch dazugeben und zügig zu einem glatten Teig verarbeiten.

4. Die Hälfte des Teiges in die Vertiefungen der Muffinform füllen. Mit zwei Teelöffeln jeweils einen Klecks der Feigen-Nutella-Mischung darauf geben und mit dem restlichen Teig bedecken. Sofort in den Backofen schieben und ca. 25 Minuten backen. Nach Ablauf der Backzeit herausnehmen, 5 bis 10 Minuten in der Form ruhen lassen, danach die Muffins aus der Form lösen und auf einem Kuchengitter abkühlen lassen.

5. Vor dem Servieren mit Puderzucker bestäuben. Wer mag, kann frische Feigen dazu reichen.

Feigen-Nutella-Muffins

Ananas Stracciatella Ananas

Zutaten für 12 Muffins:

Für den Teig:
250 g Mehl Type 405
1 Päckchen Backpulver
1/2 TL Natron
1 Ei Größe M
120 g Zucker
100 g weiche Butter
300 g Stracciatella-Jogurt

Für die Füllung:
1 Ananas (ca. 400 g Fruchtfleisch)

Zum Dekorieren:
1 Packung Stracciatella-Dessertcreme (Fertigprodukt)

Zubereitung:

1. Den Backofen auf 190° C vorheizen, Umluft auf 175° C, Gas Stufe 2. Eine 12er Muffinform gut einfetten oder mit kleinen Papierförmchen auslegen.

2. Das Mehl zusammen mit dem Backpulver und dem Natron in eine Schüssel sieben und beiseite stellen. Die Ananas schälen und das Fruchtfleisch in kleine Stücke schneiden. Dabei 12 schöne Stücke für die Dekoration beiseite legen.

3. Den Zucker, die Butter und das Ei mit den Schneebesen des Handrührgerätes schaumig schlagen. Die Mehlmischung und den Stracciatella-Jogurt dazugeben und zügig zu einem glatten Teig verarbeiten.

4. Den Teig in die Vertiefungen der Muffinform füllen. Die Ananasstücke dicht nebeneinander in den Teig stecken. Sofort in den Backofen schieben und ca. 25 Minuten backen. Nach Ablauf der Backzeit herausnehmen, 5 bis 10 Minuten in der Form ruhen lassen, danach die Muffins aus der Form lösen und auf einem Kuchengitter abkühlen lassen.

5. In der Zwischenzeit die Stracciatella-Creme nach Packungsanweisung zubereiten. Mit einem Spritzbeutel die abgekühlten Muffins großzügig damit verzieren und je ein Ananasstück darauf setzen.

Ananas-Stracciatella-Muffins

Kokos Kokos Kokos Kokos Kokos

Zutaten für 12 Stück:

Für den Teig:
2 Eigelb, 140 g Zucker
100 g weiche Butter oder Margarine
260 g Mehl Typ 405
2 TL Backpulver
1/2 TL Natron
3 EL Kakaopulver
1/4 l Milch

Für die Füllung:
2 Eiweiß, 60 g Kokosraspeln
1 Vanillezucker
1 TL Zucker

Zubereitung:

1. Den Backofen auf 180° C vorheizen, Umluft auf 160° C, Gas Stufe 2. Eine 12er Muffinform gut einfetten oder mit Papierförmchen auslegen.

2. Die Eigelbe mit dem Zucker und der weichen Butter schaumig rühren, bis der Zucker restlos vergangen ist.

3. Das Mehl, das Backpulver und das Kakaopulver durchsieben. Das Natron dazugeben und alles mit einem Rührlöffel gleichmäßig vermengen.

4. Die beiden Eiweiße mit dem Vanillezucker und dem Zucker zu schnittfestem Schnee schlagen. Die Kokosraspeln vorsichtig unterheben.

5. Das vorbereitete Mehl zusammen mit der Milch zügig in die Buttermasse einrühren. Den fertigen Teig nicht lange stehen lassen.

6. Die einzelnen Förmchen knapp zur Hälfte mit Teig füllen. Mit einem Kaffeelöffel kleine gleichmäßige Mulden in den Teig drücken. Den Kaffeelöffel jeweils vorweg in kaltes Wasser tauchen, damit der Teig nicht kleben bleibt. Aus der Kokosmasse kleine Kugeln formen und diese in die Mulden legen. Eine kleine Menge zum Bestreuen zurückbehalten. Den restlichen Teig in die Förmchen füllen.

7. Die zurückbehaltene Kokosmasse über die Muffins streuen, die Form sofort in den Ofen schieben und ca. 25 Minuten backen. Danach 5 bis 10 Minuten abkühlen lassen und die Muffins vorsichtig aus der Form lösen. Zum Abkühlen auf ein Kuchengitter setzen.

Kokos-Muffins

Physalis Physalis Physalis Physalis

Zutaten für 12 Mini-Muffins:

Für den Teig:
100 g Mehl Type 405
1 TL Backpulver
20 ml Ahornsirup
1 Ei Größe M
30 g weiche Butter
30 ml Buttermilch
1/2 TL Orangeback
1 EL Orangensaft
40 g gehackte Mandeln
1 TL Mandellikör

Für die Füllung:
100 g Physalis
(12 Stück zum Füllen,
3 Stück zum Dekorieren)

Zum Dekorieren:
100 g dunkle Schokoladenkuvertüre

Zubereitung:

1. Den Backofen auf 190° C vorheizen, Umluft auf 175° C, Gas Stufe 2. Eine 12er Mini-Muffinform gut einfetten oder mit kleinen Papierförmchen auslegen.

2. Das Mehl zusammen mit dem Backpulver in eine Schüssel sieben und beiseite stellen.

3. Die Butter bei schwacher Hitze schmelzen, mit Ahornsirup, Orangeback, Orangensaft und Buttermilch zügig verrühren. Die Mehlmischung, den Mandellikör und die Mandeln dazugeben und zu einem glatten Teig kneten.

4. Aus dem Teig eine Rolle formen und in 12 gleich große Stücke teilen. Die Teigstücke zu Kugeln rollen, platt drücken, jeweils mit einer Physalis füllen und wieder zu einer Kugel verschließen.

5. Die gefüllten Teigkugeln in die Vertiefungen der Muffinform legen und ca. 25 Minuten backen. Nach Ablauf der Backzeit herausnehmen, 5 bis 10 Minuten in der Form ruhen lassen, danach die Muffins aus der Form lösen und auf ein Kuchengitter setzen.

6. Die Schokoladenkuvertüre im heißen Wasserbad schmelzen, die noch warmen Muffins zur Hälfte eintauchen und mit je einem Physalisviertel dekorieren.

Physalis-Muffins

Mais Mandarine Mais Mandarine

Zutaten für 12 Muffins:

Für den Teig:
300 g Dinkel-Vollkornmehl
1 Päckchen Backpulver
1/2 TL Natron
1 Ei Größe M
30 g Leinsamen, geschrotet
80 ml Pflanzenöl
1 Piccolo
3 TL gekörnte Brühe

Für die Füllung:
1 kleine Dose Mais
1 kleine Dose Mandarinen
1 kleine Dose Erbsen
Salz, Pfeffer, Curry

Zum Dekorieren:
12 Mandarinenspalten

Zubereitung:

1. Den Backofen auf 190° C vorheizen. Umluft auf 175° C, Gas Stufe 2. Eine 12er Muffinform gut einfetten oder mit kleinen Papierförmchen auslegen.

2. Das Mehl zusammen mit dem Backpulver und dem Natron in eine Schüssel sieben und beiseite stellen. Den Mais, die Erbsen und die Mandarinen abschütten und gut abtropfen lassen. 12 Mandarinenspalten für die Dekoration zurücklegen.

3. Das Öl und das Ei mit den Schneebesen des Handrührgerätes schaumig schlagen. Die Mehlmischung und den Leinsamen dazugeben, mit dem Sekt aufgießen und zügig zu einem glatten Teig verarbeiten. Mit gekörnter Brühe würzen.

4. Die Mandarinen ein- bis zweimal durchschneiden und zusammen mit dem Mais und den Erbsen in eine Schüssel geben. Mit Salz, Pfeffer und viel Currypulver würzen, gut vermischen.

5. Die Hälfte des Teiges in die Vertiefungen der Muffinform füllen. Die Mais-Mischung darüber verteilen und mit dem verbliebenen Teig bedecken. Sofort in den Backofen schieben und ca. 30 Minuten backen. Nach Ablauf der Backzeit herausnehmen, 5 bis 10 Minuten in der Form ruhen lassen, danach die Muffins aus der Form lösen und auf einem Kuchengitter abkühlen lassen.

6. Vor dem Servieren mit Mandarinenspalten dekorieren.

ACHTUNG: Das Currypulver hat stark färbende Wirkung und kann sogar helle Muffinformen und Schüsseln gelb werden lassen.

Mais-Mandarinen-Muffins

Speck Speck Speck Speck Speck

Zutaten für 12 Muffins:

Für den Teig:
250 g Vollkorn-Weizenmehl
1 Päckchen Backpulver
1/2 TL Natron
2 Eier, Salz, Pfeffer
150 g gekochte Kartoffeln
80 ml Pflanzenöl
250 ml helles Bier

Für die Füllung:
100 g gewürfeltes Dörrfleisch

Zum Dekorieren:
1 Bund Schnittlauch

Zubereitung:

1. Den Backofen auf 190° C vorheizen, Umluft auf 175° C, Gas Stufe 2. Eine 12er Muffinform gut einfetten.

2. Das Mehl zusammen mit dem Backpulver und dem Natron in eine Schüssel sieben und beiseite stellen. Die Kartoffeln mit einer Gabel zerdrücken.

3. Das Öl und die Eier mit den Schneebesen des Handrührgerätes schaumig schlagen. Mit Salz und Pfeffer würzen. Die Mehlmischung, die zerdrückten Kartoffeln und das Bier dazugeben und zügig zu einem glatten Teig verarbeiten.

4. Die Hälfte des Teiges in die Vertiefungen der Muffinform füllen, jeweils einige Speckwürfel hineinlegen und mit dem restlichen Teig bedecken. Sofort in den Backofen schieben und ca. 30 Minuten backen. Nach Ablauf der Backzeit die Muffins ca. 5 bis 10 Minuten in der Form ruhen lassen, danach aus der Form lösen und auf einem Kuchengitter abkühlen lassen.

5. Den Schnittlauch waschen, in kleine Röllchen schneiden und die Muffins damit bestreuen, sofort servieren. Noch warm schmecken sie am besten.

Speck-Muffins

Olive Mozzarella Olive Mozzarella

Zutaten für 6 Muffins:

Für den Teig:
140 g Dinkelmehl Type 630
200 g Mozzarella, gerieben
1/2 Päckchen Backpulver
1 Msp. Natron, 1 Ei Größe M
40 ml Olivenöl
150 ml Buttermilch
1 Spritzer Zitronensaft
3 TL gekörnte Brühe
1 TL Kräuter der Provence
1 TL Knoblauchgranulat oder
1/2 Knoblauchzehe, zerdrückt
Salz, Pfeffer, Muskat

Für die Füllung:
1 kleines Glas Oliven ohne Stein

Zum Dekorieren:
1 kleines Glas eingelegte Weinblätter

Zubereitung:

1. Den Backofen auf 190° C vorheizen, Umluft auf 175° C, Gas Stufe 2. Die Weinblätter abschütten, gut abtropfen lassen und mit Küchenpapier trockentupfen. Eine 6er Muffinform leicht einölen und je nach Größe mit 2 bis 3 Weinblättern auslegen.

2. Das Mehl zusammen mit dem Backpulver und dem Natron in eine Schüssel sieben und beiseite stellen. Die Oliven abschütten und gut abtropfen lassen.

3. Das Öl und das Ei mit den Schneebesen des Handrührgerätes schaumig schlagen. Die Mehlmischung und die Buttermilch dazugeben und zügig zu einem glatten Teig verarbeiten. Mit Salz, Pfeffer, Muskat, gekörnter Brühe, Knoblauch, Kräutern der Provence und einem Spritzer Zitronensaft würzen. 100 g des Mozzarellakäses mit einem Löffel unterrühren.

4. Den Teig in die Vertiefungen der Muffinform füllen und jeweils 2 bis 3 Oliven hineindrücken. Sofort in den Backofen schieben und ca. 20 Minuten backen. Danach mit dem verbliebenen Käse bedecken und weitere 10 Minuten überbacken. Nach Ablauf der Backzeit herausnehmen, 5 bis 10 Minuten in der Form ruhen lassen, anschließend die Muffins aus der Form lösen und auf einem Kuchengitter abkühlen lassen.

Tipp: Wer den exotischen Geschmack von Weinblättern nicht mag, kann diese auch weglassen und beim Backen durch Papierförmchen ersetzen.

Oliven-Mozzarella-Muffins

Forelle Kapern

Zutaten für 6 Muffins:

Für den Teig:
130 g Mehl Type 405
1/2 Päckchen Backpulver
1 Msp. Natron
1 Ei Größe M
40 ml Olivenöl
125 g Naturjogurt

Für die Füllung:
125 g Forellenfilet, geräuchert
1 kleines Glas Kapern (ca. 30 g)
1 TL gewürzter Kräutermix in Öl
1 EL Crème fraîche
1 Spritzer Limettensaft

Zum Dekorieren:
1 Limette

Zubereitung:

1. Den Backofen auf 190° C vorheizen, Umluft auf 175° C, Gas Stufe 2. Eine 6er Muffinform gut einfetten oder mit kleinen Papierförmchen auslegen.

2. Das Mehl zusammen mit dem Backpulver und dem Natron in eine Schüssel sieben und beiseite stellen.

3. Das Forellenfilet in eine Schüssel geben und mit einer Gabel fein zerdrücken. Die Kapern abgießen, hinzufügen und zusammen mit der Crème fraîche, einem Spritzer Limettensaft und dem Kräutermix zu einer formbaren Masse rühren.

4. Das Öl und das Ei mit den Schneebesen des Handrührgerätes schaumig schlagen. Die Mehlmischung und den Naturjogurt dazugeben und zügig zu einem glatten Teig verarbeiten.

5. Die Hälfte des Teiges in die Vertiefungen der Muffinform füllen. Von der Forellen-Kapern-Mischung mithilfe eines Teelöffels 6 gleich große Mengen abteilen, zu Bällchen formen, hineinlegen und mit dem restlichen Teig bedecken. Sofort in den Backofen schieben und ca. 30 Minuten backen. Nach Ablauf der Backzeit herausnehmen, 5 bis 10 Minuten in der Form ruhen lassen, danach die Muffins aus der Form lösen und auf einem Kuchengitter abkühlen lassen.

6. Von der Limette zwei Scheiben abschneiden, vierteln und vor dem Servieren die Muffins damit belegen.

Forelle-Kapern-Muffins

Krabben Krabben Krabben Krabben

Zutaten für 24 Mini-Muffins:

Für den Teig:
140 g Roggenmehl Type 997
1/2 Päckchen Backpulver
1 Msp. Natron
1 Ei Größe M
2 EL Crème fraîche
60 ml Pflanzenöl
100 ml Buttermilch
1 EL Naturjogurt

Für die Füllung:
2 Schalen à 180 g Eismeer-Krabben
1 Spritzer Limettensaft
Salz, Pfeffer

Zum Dekorieren:
Limettenzesten

Zubereitung:

1. Den Backofen auf 190° C vorheizen, Umluft auf 175° C, Gas Stufe 2. Eine 24er Mini-Muffinform gut einfetten. Keine Papierförmchen verwenden, da sich die fertigen Muffins schlecht daraus lösen lassen.

2. Das Mehl zusammen mit dem Backpulver und dem Natron in eine Schüssel sieben und beiseite stellen. Die Krabben abschütten und gut abtropfen lassen. 24 schöne Krabben für die Füllung heraussuchen und den Rest klein schneiden. Mit einem Zestenreißer feine Streifen von der Limette abziehen.

3. Das Öl und das Ei mit den Schneebesen des Handrührgerätes schaumig schlagen. Die Mehlmischung, den Jogurt, die Crème fraîche und die Buttermilch dazugeben und zügig zu einem glatten Teig verarbeiten. Die klein geschnittenen Krabben mit einem Löffel unterrühren und mit einem Spritzer Limettensaft, Salz und Pfeffer kräftig würzen.

4. Die Hälfte des Teiges in die Vertiefungen der Muffinform füllen. Jeweils eine Krabbe hineinlegen und mit dem restlichen Teig bedecken. Sofort in den Backofen schieben und ca. 20 Minuten backen. Nach Ablauf der Backzeit herausnehmen, 5 bis 10 Minuten in der Form ruhen lassen, danach die Muffins aus der Form lösen und auf einem Kuchengitter abkühlen lassen.

5. Vor dem Servieren mit einigen Limettenzesten bestreuen.

Krabben-Muffins

Markklößchen Markklößchen

Zutaten für 12 Muffins:

Für den Teig:
250 g Roggenmehl Type 997
1 Päckchen Backpulver
1/2 TL Natron
1 Ei Größe M
80 ml Pflanzenöl
300 ml Bouillon (Instant)
1/2 Bund Petersilie
Salz, Pfeffer

Für die Füllung:
12 Markklößchen

Zubereitung:

1. Den Backofen auf 190° C vorheizen, Umluft auf 175° C, Gas Stufe 2. Eine 12er Muffinform gut einfetten. Keine Papierförmchen verwenden, da sich die fertigen Muffins schlecht daraus lösen lassen.

2. Das Mehl zusammen mit dem Backpulver und dem Natron in eine Schüssel sieben und beiseite stellen. Die Bouillon zubereiten, die Markklößchen für einige Minuten in der Brühe ziehen lassen und herausnehmen. Die Petersilie waschen, trockenschütteln, fein hacken und zur Bouillon geben. Gut abkühlen lassen.

3. Das Öl und das Ei mit den Schneebesen des Handrührgerätes schaumig schlagen. Die Mehlmischung und die Bouillon dazugeben und zügig zu einem glatten Teig verarbeiten.

4. Die Hälfte des Teiges in die Vertiefungen der Muffinform füllen. Jeweils ein Markklößchen hineinlegen und mit dem restlichen Teig bedecken. Sofort in den Backofen schieben und ca. 25 Minuten backen. Nach Ablauf der Backzeit herausnehmen, 5 bis 10 Minuten in der Form ruhen lassen, danach die Muffins aus der Form lösen und auf einem Kuchengitter abkühlen lassen.

Tipp: Diese herzhaften Muffins sind eine geeignete Beilage zu klaren Suppen, Kraftbrühen und Gemüsesuppen.

Markklößchen-Muffins